AF456593

M. DE PRILLY

M. DE PRILLY

UN SOLDAT

DE LA

GUERRE DE SEPT ANS

D'APRÈS SES LETTRES.

PAR

M. L'ABBÉ PUISEUX

CHALONS-SUR-MARNE

F. THOUILLE, IMPRIMEUR-LIBRAIRE, RUE D'ORFEUIL, N° 3

1889

M. DE PRILLY

UN SOLDAT

DE LA

GUERRE DE SEPT ANS

D'après ses Lettres (1).

MESDAMES, MESSIEURS,

Peindre une âme de soldat, suivre au bivouac, dans le hasard des rencontres imprévues, au milieu des dangers du champ de bataille, un de ces braves et charmants jeunes hommes comme la France, à tous les âges, en a compté de si nombreux dans son armée, tel est le but que je me propose dans ces quelques pages. C'est mon héros lui-même qui me fournira les traits et les couleurs du tableau : des lettres (2), écrites de 1759 à 1762, pendant la guerre de sept ans, nous diront les déceptions et les joies,

(1) Lecture faite à la séance publique de la Société Académique de la Marne, le 24 août 1888, par M. l'abbé Puiseux, membre titulaire.

(2) Ces lettres appartiennent à M. Emm. Barthélemy, arrière-petit-fils du marquis de Prilly.

les prouesses, la témérité chevaleresque, l'entrain et la belle humeur du lieutenant de Prilly, car c'est de lui que je vais parler. Me suis-je trompé quand j'ai cru que ce nom de PRILLY serait accueilli favorablement du public châlonnais et que sa vénération pour le fils, le vieil et saint évêque que nous n'avons point oublié, ne le laisserait pas indifférent à la mémoire du père (1)?

La correspondance du jeune officier s'ouvre au commencement de 1759, en pleine guerre de sept ans. Toute l'Europe est en feu, et on pourrait dire le monde entier, puisque les deux flottes de France et d'Angleterre se rencontrent pour se combattre sur toutes les mers. Sur le continent, Frédéric II lutte seul contre l'Autriche et la Russie, pendant que les Anglais, ses alliés, couvrent le Hanovre et disputent à nos troupes l'ouest de l'Allemagne. Au mois d'avril, les Français sont sur le Mein, ayant en face le prince Ferdinand de Brunswick et son neveu le Prince héréditaire. C'est là que nous trouvons M. de Prilly.

Le marquis de Prilly, né au bourg d'Aoste, en Dauphiné, le 13 août 1737, d'une noble famille du Comtat (2),

(1) Pierre-Marie-Hippolyte MONYER DE PRILLY, dont il est ici question, épousa en 1772 Marie-Rose Mignard, la dernière descendante de Nicolas Mignard. Il en eut plusieurs enfants dont l'un, Marie-Joseph-François-Victor, fut évêque de Châlons de 1824 à 1860. (Ce saint prélat a laissé dans notre ville une mémoire vénérée.) Voir la *Vie de Mgr de Prilly, évêque de Châlons.*

(2) Son père avait été trois fois premier consul d'Avignon.

s'était engagé à vingt ans dans les dragons de Schomberg; à vingt-deux, il était lieutenant en second, et combattait à l'armée de Hanovre, sous les ordres du duc de Broglie. Chaque semaine, autant du moins que le service le lui permet, le jeune homme écrit à son père, lui donnant de ses nouvelles et de celles de l'armée. Soixante lettres, retrouvées un peu partout, sont entre mes mains. La plupart sont écrites sur beau papier à tranche dorée. — J'ai remarqué que ce détail faisait sourire ceux à qui je les montrais : que voulez-vous? M. de Prilly était poli, même envers son père. Et quelle affection respectueuse dans ces expressions que je relève un peu partout : « mon aimable père; cher auteur de mes jours; le plus chéri des pères... »

Cela dit une fois pour toutes, ce trait de mœurs indiqué, ouvrons notre correspondance, non pour faire l'histoire de la Guerre de sept ans, Dieu m'en garde, mais pour en dégager l'intéressante physionomie qu'elles retracent.

La première lettre raconte la bataille de Bergen gagnée par le duc de Broglie : une belle victoire à laquelle, hélas, notre jeune officier n'a pu prendre part. Aussi comme il regrette son éloignement : « Si le régiment n'eût pas été détaché pour garantir le haut Mein, j'aurais été assez heureux pour vaincre les Hanovriens sous les ordres de Monsieur le duc de Broglie. Malheureusement pour nous, nous avons été à trente lieues de l'armée le jour de la bataille, et l'ardeur que nous avions d'être de la partie nous a fait faire le trajet en deux jours, mais nos peines ont été bien inutiles. » (18 avril 1759.)

La Providence lui doit bien un dédommagement; elle le lui donne quelques semaines plus tard, et son amour-propre a lieu d'être satisfait. Le régiment s'est engagé assez étourdiment dans un étroit chemin, entre des bois impénétrables d'un côté, et une montagne de l'autre. Les ennemis, supérieurs en nombre, occupent le débouché. Reculer est bien pénible; c'est, de plus, s'exposer presque infailliblement à se faire battre. Le comte de Schomberg prend hardiment son parti et ordonne de marcher en avant, à la grande joie du lieutenant de Prilly. « Ce mouvement, écrit ce dernier, étonna si fort les ennemis, qu'ils crurent que l'armée tout entière marchait sur eux. » Non-seulement ils se retirent, mais voilà que tout le camp hanovrien, 14,000 hommes, prend les armes, toutefois sans oser sortir. Quel triomphe et quelle joie pour les dragons, à peine échappés aux Fourches Caudines! « Nous avons eu l'effronterie, écrit M. de Prilly avec une satisfaction très-visible, de rester à un quart de lieue de l'ennemi sept heures de suite, sans qu'il ait osé envoyer une patrouille pour nous reconnaître. »

Le 9 juillet suivant, M. de Prilly est à la prise de Minden. Sa lettre est pleine de gaieté et d'entrain : le régiment s'est couvert de gloire. Mais les lettres, à la guerre, se suivent et ne se ressemblent pas. Qu'est-ce que ce chiffon informe, tout sali, mal plié, plutôt froissé, d'une écriture à peine lisible, fermé par un simple pain à cacheter sans aucune empreinte? Disons-le bien bas : c'est le bulletin de la défaite. Lisez plutôt :

« Du champ de bataille sous Minden, ce 1er août 1759. Notre armée vient d'être battue par celle du prince Ferdinand. Nous ignorons notre perte. Le prince de Chimay est tué... Rouergue, Touraine et les Grenadiers de France ont beaucoup perdu.... Je me porte à merveille. — MM. Dumesnil et d'Aurel... » La phrase n'est pas finie — un coup de trompette aura interrompu l'écrivain.

C'est douze jours après seulement que viennent les détails. Cette fois, nous assistons au combat; nous voyons les gendarmes, les carabiniers, tous les régiments que M. de Contades fait charger l'un après l'autre sans ensemble et sans soutien, pendant que l'infanterie reste immobile sous le canon, comme oubliée. — Nous suivons cette retraite de onze jours, de Minden à Cassel « avec un seul séjour et sans pain ; » l'arrière-garde sans cesse aux prises avec l'avant-garde du Prince héréditaire, « prince de vingt-cinq ans et de la plus grande ardeur. » Quant à notre lieutenant, il a tout perdu; il ne lui reste pas une chemise. — Et pourtant ce n'est guère de cela qu'il se plaint : « Je me consolerais de toutes mes pertes, dit-il, si nous avions été vainqueurs ; mais nous sommes couverts de honte, et le soldat est intimement persuadé qu'il sera toujours battu sous les ordres de M. de Contades. Notre armée demande M. de Broglie à cor et à cris. Sans une affaire aussi malheureuse, nous faisions la campagne la plus brillante. Les Russes ont battu les Prussiens ; l'armée de l'Empire est en Saxe... Il n'y a que nous de déshonorés. Cent mille Français fuyant trente-six lieues devant 50,000 Hanovriens ! J'en suis dans le dernier désespoir. » Ce mot de la fin n'est-il point heureux, et la fierté du soldat blessé par une défaite imméritée, s'exprimerait-elle autrement aujourd'hui ?

La malheureuse bataille de Minden ne termine pas la campagne : les souffrances ne sont pas finies. L'armée cependant aurait grand besoin de se refaire : elle est complètement démoralisée et perd 9,000 hommes en deux mois par la désertion beaucoup plus que par la mort. Cependant l'hiver est dur : les hommes meurent de froid ; pendant tout un mois, ils ont couché « en bottes et en habits. » Et puis, le prince Ferdinand est là, toujours aux aguets, toujours prêt à vous tomber sur le dos au moment où vous l'attendez le moins. Il est vrai qu'il trouve à qui parler. Un jour, c'est le 29 novembre, les dragons sont attaqués par un ennemi supérieur en nombre ; mais ils s'élancent sur les Hanovriens le sabre à la main de si bonne grâce, dit M. de Prilly, que ceux-ci tournent bride et se réfugient sous le feu d'un gros corps d'infanterie qui les soutient. Alors seulement on se retire « avec assez de tranquillité. » Il en sera d'ailleurs toujours ainsi quand notre lieutenant sera d'arrière-garde. Il semble, dans ces occasions, qu'il met une sorte de coquetterie à faire durer la retraite. Il a trouvé moyen, cette fois, de mettre trois heures pour faire quelques pas en arrière.

La campagne se prolongea ainsi jusqu'au 12 janvier, et, le printemps venu, le duc de Broglie inaugurait la campagne nouvelle par la victoire de Corbach. Les incidents ne manquent pas, en cette année 1760; malheureusement les lacunes sont nombreuses dans notre correspondance. Après Corbach, les deux armées campent en présence, sur deux collines opposées, à un quart de lieue l'une de l'autre. Un ravin étroit et profond les sépare. M. de Prilly, qui est de grand'garde avec deux camarades, voit trois officiers anglais faisant, à quelques centaines de pas, le même service. On se hasarde, malgré la défense, à descendre jusqu'au ravin : les Anglais font de même. On n'est plus qu'à cinq ou six pieds les uns des autres : la conversation s'engage. « Nous causâmes ensemble, dit M. de Prilly, près d'un quart d'heure, de choses honnêtes et polies. Ils nous dirent que leur armée désirait la paix et que leur patrie la voulait également. Nous nous quittâmes de là les meilleurs amis du monde pour nous égorger peut-être un de ces jours. Concevez-vous rien de plus fou? »

L'occasion, en effet, n'allait pas tarder à se présenter, et M. de Prilly faillit y laisser la vie. Le 11 août 1760, le corps dont il faisait partie est attaqué près du château de Sababorg par des forces très supérieures. M. de Prilly raconte l'action à son père, et en vient au danger qu'il a couru. « Les ennemis, dit-il, nous ont poursuivis l'épée dans les reins plus de deux lieues. Je me battais en fuyant, tête nue et n'ayant qu'un étrier; l'autre m'avait été emporté par un coup de feu et mon casque par un coup de sabre. Après deux heures de poursuite, nous avons donné dans un ravin dont le bord gauche était déjà occupé par les ennemis : la droite en était libre. Je n'avais d'autre parti à prendre que de me jeter entre leurs mains ou de me précipiter dans ce torrent dont la rapidité et la profondeur me font frémir en ce moment-ci. Je m'y jette avec quinze hommes qui me suivaient : la vigueur de mon cheval m'en a tiré! » Sans doute le danger avait été bien grand, car le soir, rencontrant son ami d'Aurel, M. de Prilly se jette dans ses bras les larmes aux yeux : tous deux avaient pu, pour un moment, se croire perdus.

La jeunesse se console vite. La lettre d'où je tire ces détails finit ainsi : « Adieu, mon tendre père, je vous quitte pour me mettre dans mes draps sur de la paille, grand plaisir dont je n'ai pas joui depuis sept nuits. »

Notre officier, on le voit, avait l'oubli facile; d'ailleurs, à quelques jours de là, il se vengeait, poursuivant à son tour les Anglais et faisant deux prisonniers. C'est peu, mais les circonstances ne permettaient pas davantage. La guerre languissait en Allemagne : les grands coups se frappaient ailleurs. Aussi M. de Prilly doit se contenter d'apprendre à son père la prise de Berlin par les Russes. Il lui mande aussi qu'il a eu la bonne fortune d'entendre lire la lettre par laquelle M. de Castries raconte au duc de Broglie sa victoire de Clostercamp. Il y parle de la brigade d'Auvergne, mais je dois avouer qu'il ne fait point mention du chevalier d'Assas et de sa mort héroïque. Peut-être le maréchal ne connaissait point encore le sublime soldat; peut-être aussi, dans l'enivrement de sa victoire, oubliait-il celui qui la lui avait donnée. — Mais cela n'a point empêché le fameux cri : *A moi, Auvergne* de retentir à travers l'histoire, et il n'est pas un de nous, après plus d'un siècle écoulé, qui puisse l'entendre sans se sentir ému, je dirai même, sans se sentir plus grand !

L'année 1761 s'ouvrit sous de fâcheux auspices. Le duc de Broglie, devant un retour offensif du prince Ferdinand, avait dû évacuer la Hesse conquise l'année précédente. Le duc avait des ennemis qui se réjouirent de son échec.

Il ne manquait pas de gens alors pour applaudir aux victoires de l'étranger quand elles servaient leurs rancunes ou leur intérêt. Voltaire n'avait-il pas chansonné les vaincus de Rosbach? Notre jeune lieutenant s'indigne de cette façon de comprendre la guerre à l'usage de ceux qui ne la font pas. « Bien des gens à Paris, s'écrie-t-il, se réjouiront du désastre du maréchal. J'ose dire (passez-moi le mot) que ce sont des monstres et qu'ils ne méritent pas d'être nés français. »

La Hesse est donc perdue, mais néanmoins les meilleures places du pays sont encore aux mains de nos soldats. Le comte de Broglie, frère du maréchal, occupe Cassel, et quand les Hanovriens s'approchent pour l'en déloger, savez-vous ce qu'il imagine? Il fait *goudronner* les maisons de la ville, c'est M. de Prilly qui me l'apprend; les flambeaux sont tenus allumés jour et nuit : on brûlera tout, s'il le faut, mais on ne se rendra pas. Il ne manquait vraiment au comte que d'avoir inventé le procédé, mais Chevert, à Prague, lui avait ravi cet honneur.

Avec de tels hommes, la fortune devait nous revenir : elle nous revint en effet. M. de Prilly raconte les combats, indique les belles marches; on pourrait presque, avec ses notes, refaire l'histoire de la campagne; mais je ne veux prendre, de ses lettres, que ce qui le touche directement. Le 2 mars il est assez heureux pour se distinguer à

Budingen : il le mande à son père avec une fierté mêlée de modestie : « D'après la façon dont je me conduisis à notre affaire du 2, écrit-il, le Prince héréditaire qui commandait les troupes à qui nous nous battîmes demanda à l'officier qui y fut fait prisonnier comment s'appelait l'officier du régiment monté sur un cheval gris qui commandait l'arrière-garde. Mon camarade lui dit mon nom : le Prince voulut bien l'écrire sur ses tablettes et donner beaucoup d'éloges à la manière dont je m'y étais comporté. Ce que je vous mande là, je ne l'écris qu'à mon père; je vous dois le détail de toutes mes actions et je puis vous le donner sans qu'on m'accuse de fanfaronnade. »

Fanfaron, non, certes, il ne l'était point, et il y a là un accent de modestie qui s'impose. Toutefois, le compliment avait porté : mis en goût, notre héros ne s'en tient pas là. Moins de quinze jours après, nouveau fait d'armes, nouvelle lettre qu'il faut lire tout entière.

« Vous m'aimez trop, cher père, pour ne pas vous intéresser bien vivement à l'heureux hasard que j'ai éprouvé aujourd'hui. J'ai attaqué à midi avec environ quatre-vingts chevaux de différents régiments une compagnie de chasseurs à pied qui s'était retirée dans un bois très épais. Je l'y ai chargée le sabre à la main au milieu des coups de fusil qu'elle me tirait, et je l'ai forcée à mettre bas les armes tout entière. J'ai fait prisonniers de guerre cent vingt-sept hommes et deux officiers. J'y ai perdu deux dragons tués, six ou huit blessés et autant de chevaux. Je m'en suis tiré sain et sauf malgré la quantité de coups de carabine que j'ai essuyés. J'ai conduit mes prisonniers en triomphe à notre général qui m'a reçu on ne peut mieux. »

Il semblait que M. de Prilly n'avait plus qu'à recueillir le fruit de sa belle action; mais le mot du poète devait se vérifier une fois de plus :

Tulit alter honores
« C'est moi qui fis ces vers; un autre en eut le prix. »

Le bulletin de l'armée attribua cette prise au comte de Scée. Le modeste officier s'en consola : « Je n'ai point dit le mot, écrit-il. Ma façon de penser est de commencer par bien faire et de laisser venir les récompenses, sans rien espérer. Avec ce principe, tout me devient égal et l'estime de ceux qui me connaissent me dédommage de ce que je n'obtiens pas. C'est de la saine philosophie. » Très saine, en effet, puisqu'elle n'empêche pas les résolutions viriles : « Ce qu'il y a de sûr, ajoute-t-il, c'est que je périrai la campagne prochaine ou je mériterai une récompense. »

Heureusement d'autres veillaient et prenaient en main la cause de l'obscur lieutenant. M. de Choiseul, informé, lui promet une compagnie. Or une compagnie avec le titre de capitaine, c'était le rêve de M. de Prilly. Depuis deux ans, il sollicitait son père de lui en acheter une. Mais une compagnie de dragons coûtait quinze mille francs, et le marquis faisait la sourde oreille. Pourtant il fallait être capitaine pour pouvoir faire quelque chose. « Comment se distinguer si l'on ne commande pas à trois ou quatre cents hommes ? » En 1759, il aurait donné un doigt pour avoir une compagnie, et voilà que le Ministre allait la lui donner pour rien ! M. de Choiseul fait plus : il lui promet la croix de Saint-Louis s'il se distingue dans la prochaine campagne. — Cette fois, la tête, dit-il, lui tourne d'avance. Il mourra de douleur si la paix se fait avant le mois d'octobre. Qu'il soit seulement assez heureux pour voir les ennemis d'aussi près qu'il le désire, et il aura la croix, ou il périra en combattant. « Qu'il serait glorieux à mon âge de l'avoir, écrit-il; dût-il m'en coûter une jambe, je ne croirais pas la trop payer. » — Un doigt pour être capitaine, une jambe pour avoir la croix; c'est un soldat de 1760 qui parle ainsi; — ne croirait-on pas entendre un moderne troupier d'Afrique ou quelqu'un de ces héroïques ambitieux de Tunis ou du Tonkin ?

Il ne restait plus qu'à appuyer par des faits ces vaillantes paroles. Mais encore fallait-il des occasions, et la guerre se faisait mollement. Pourtant, le 5 août, M. de Prilly a « le plaisir de voir l'ennemi de fort près. » Il est envoyé avec son détachement contre un gros de cavalerie, à l'attaque du camp de Blomberg. « Inférieur en nombre, écrit-il à son père, je me déterminai par l'envie que j'avais de me distinguer, et je les poussai à trois cents pas au-delà de la ville de Blomberg. La rue par laquelle ils se retiraient, fort vite mais ensemble, était absolument remplie par leur troupe et par la mienne. J'étais à la tête de mes cavaliers qui sabrèrent ces fuyards pendant plus d'un quart d'heure, et j'eus la barbarie de passer mon sabre au travers du corps d'un de ces malheureux ; il est vrai qu'il avait déjà levé le sien sur ma tête. »

On comprend qu'un pareil soldat doit ressentir bien vivement l'ennui d'un échec, et que reculer n'est pas son fait. Aussi, quand il faut quitter le Hanovre où l'on venait à peine d'entrer et qu'une marche habile du prince Ferdinand nous forçait d'évacuer : « Voilà, dit-il, notre état et celui des ennemis. Je le vois avec la douleur la plus amère et j'en suis bien humilié par amour pour la nation et la gloire du militaire français. Ce qui me console pourtant, c'est qu'à toutes les affaires que nos troupes ont eues cette année-ci, elles se sont battues avec la plus grande valeur. » D'où vient donc l'insuccès de nos armes ? Le soldat l'indique, bien qu'à mots couverts, tant il lui répugne de blâmer ses chefs, et l'histoire a ratifié son jugement. « C'est que les généraux ennemis ne connaissent que le bien de la cause commune ; tous les intérêts se taisent devant celui-là. En France, on a d'autres principes. » La disgrâce du duc de Broglie, après tant d'autres, allait bientôt lui donner raison.

Le repos de l'hiver était bien nécessaire après les fatigues de cette longue campagne. M. de Prilly avoue qu'il ressemble à une momie, à un maure; qu'il est sec comme un pendu. Il n'en demanda pas moins d'être porté aux avant-postes. Sa bonne volonté fut inutile : les ennemis, fatigués, se tinrent en repos dans leurs quartiers. Mais la renommée du jeune lieutenant avait commencé à se faire jour. Un soir, à Cassel, il jouait au reversis chez le Maréchal. « Le comte de Broglie, dit-il, s'approcha de moi et me demanda si j'étais bien fort. Je lui répondis que non, et là-dessus il me dit que je m'en tirerais beaucoup mieux vis-à-vis des ennemis. » Le propos était flatteur : le lendemain, ce fut bien pis. « J'allai, dit-il, lui faire ma cour au moment qu'il sortit de son cabinet et je le priai de vouloir bien me faire connaître de M. le Maréchal. Il sembla choisir pour me présenter à lui le moment où la pièce était remplie d'officiers. Il me nomma en me présentant, et le Maréchal lui répondit en me regardant : il y a longtemps que nous le connaissons pour un très bon officier. »

Il n'en fallait pas tant pour mettre le feu aux poudres : « J'ai des protecteurs, cher père, se hâte-t-il d'écrire, il ne me faut maintenant qu'une occasion; j'espère la trouver. »

L'occasion ne se fit pas attendre. Le récit qu'en fait notre officier est, passez-moi le mot, d'une crânerie tout à fait charmante. C'est un soir de bataille : « Je faisais, dit-il, l'arrière-garde du régiment; je commandais trente cavaliers et j'eus le plaisir d'être le dernier Français dans la plaine. Je ne vous dis rien du péril que j'ai couru : vous devez le concevoir. J'ai craint pour ma vie dans le fond de l'âme, mais j'ai fait faire la meilleure contenance à ma troupe, et j'ose dire avec vérité qu'aucune n'a fait ses caracolles avec plus de décence que la mienne, toujours au très petit pas. Nous avons été suivis pendant une heure et demie par les bataillons anglais et par l'artillerie. J'en étais presque toujours à cent cinquante pas; j'ai essuyé toutes leurs décharges, mais les maladroits tiraient trop haut, et, grâces à Dieu, j'en suis revenu sain et sauf. »

Ces caracolles faites avec décence, cette retraite au très petit pas, ce plaisir de se sentir le dernier Français dans la plaine, à cent cinquante pas des mousquets et des canons, et cela pendant une heure et demie, y a-t-il rien de plus français ? Et ce n'est point jactance, croyez-le bien : « Je ne suis pas plus curieux qu'un autre des coups de fusil, écrit-il; je les essuie presque avec plaisir quand je suis à mon devoir, mais ne croyez pas que je coure après. » Non, ce n'est point ici entraînement irréfléchi, vaine fanfaronnade; c'est le courage calme, inspiré par l'idée du devoir, et par la nécessité, pour celui qui commande, de donner l'exemple.

Enfin, cette petite épopée touchait à son terme. L'armée, encore une fois en retraite, était arrivée aux environs de Hanau. Le 30 août 1762, elle y était attaquée par le prince Ferdinand. M. de Prilly avait déjà pris *de sa main,* c'est lui qui souligne ces mots, trois pièces de canon; il voulut en prendre une quatrième et se vit entouré par sept hussards anglais. Un contre sept! c'eût été une belle victoire à raconter : mais la lutte était trop inégale. Il la tenta néanmoins, et ce ne fut qu'après avoir reçu trois coups de sabre et avoir vu s'abattre son cheval blessé, qu'il consentit à se rendre. « Mes blessures, écrit-il à son père, sont on ne peut plus heureuses : un coup de sabre a entamé deux doigts; un autre a donné sur le nez mais du plat seulement; le troisième est un coup de pointe qui a porté derrière l'oreille gauche, mais sur un os très épais et qui n'est point entré. » Aussi trouve-t-il qu'il n'a pas payé trop cher le plaisir de prendre trois pièces de canon!

Le lendemain de la bataille, il avait l'honneur de souper chez le prince Ferdinand qui lui témoignait, par beaucoup d'honnêtetés, l'estime qu'il faisait de lui. Il n'en restait pas moins captif pour le reste de la guerre qui se terminait d'ailleurs l'année suivante, 1763.

Nous ne suivrons point M. de Prilly dans sa longue

carrière militaire. De tels débuts promettaient un bel avenir, et j'ai dit ailleurs (1) comment le jeune lieutenant de la Guerre de sept ans s'était élevé successivement jusqu'au grade de maréchal de camp. Il se distingua, en cette qualité, à la journée de Valmy (20 septembre 1792). Le Comité de Salut public lui offrit, en 1794, le commandement d'une division, mais l'heure du repos avait sonné, et le vieux soldat se retira à Roquemaure, au sein de sa famille (2).

Qu'il nous suffise d'avoir vu l'humble commencement d'une si belle fortune. Séduit par cette physionomie toute militaire, j'ai voulu la retracer brièvement, et voilà qu'en esquissant ce portrait d'un soldat de la Guerre de sept ans, c'est la figure sympathique du soldat français que j'ai mise en relief. Tel il était il y a cent ans et plus, tel il est sous nos yeux; le type n'a pas varié : vif d'esprit et chaud de cœur, d'une témérité chevaleresque, prêt à donner moitié de lui-même pour l'épaulette ou pour la croix, tout si le devoir l'exige, si le salut de la Patrie est à ce prix. — Type aimable et fier, qui n'était point rare dans les armées d'autrefois, qui est commun autour de nous, et que nous saluons en passant à quelque degré qu'il se trouve de la

(1) Dans la *Vie de Mgr de Prilly*, évêque de Châlons.

(2) M. de Prilly mourut à Avignon, victime des passions revolutionnaires, le 27 avril 1796.

hiérarchie, qu'il s'appelle, pour ne parler que des morts, Blandan ou Bugeaud, le sergent Bobillot ou le général Chanzy !

Pour finir comme j'ai commencé, j'ajouterai que M. de Prilly a joint à tant d'autres mérites celui de nous avoir donné le vénérable Mgr de Prilly, d'abord petit soldat comme son père, puis lieutenant de la Grande-Armée, puis évêque de Châlons. Peut-être trouverez-vous que pour cela encore il a bien mérité de notre reconnaissance, et s'est justement acquis le droit de cité parmi nous.

Châlons, imp. F. Thouille.

www.ingramcontent.com/pod-product-compliance
Ingram Content Group UK Ltd.
Pitfield, Milton Keynes, MK11 3LW, UK
UKHW022154260726
13993UKWH00005B/2373

9 782329 348766